ТЕРЕМОК

РУССКАЯ НАРОДНАЯ СКАЗКА

В ОБРАБОТКЕ АЛЕКСЕЯ ТОЛСТОГО

Рисунки Е. Рачёва

Издательство «Речь»
Санкт-Петербург — Москва
2020

УДК398.21
ББК82.3(2Рос=Рус)
Т35

Теремок : русская народная сказка в обработке А. Толстого ; рисунки Е. Рачёва. — Санкт-Петербург ; Москва : Речь, 2020. — 16 с., ил. — (Странички-невелички).

ISBN 978-5-9268-3279-9

Ехал мужик с горшками и потерял один горшок. Прилетела муха-горюха и спрашивает:

— Чей домок-теремок? Кто в тереме живёт?

Видит — никого нет.

Она залетела в горшок и стала там жить-поживать.

Прилетел комар-пискун и спрашивает:

— Чей домок-теремок? Кто в тереме живёт?

— Я муха-горюха. А ты кто?

— Я комар-пискун.

— Ступай ко мне жить.

Вот они стали жить вдвоём.

Прибежала мышка-погрызуха и спрашивает:

— Чей домок-теремок? Кто в тереме живёт?

— Я муха-горюха.

— Я комар-пискун. А ты кто?

— Я мышка-погрызуха.

— Ступай к нам жить.

Стали они жить втроём.

Прискакала лягушка-квакушка и спрашивает:

— Чей домок-теремок? Кто в тереме живёт?

— Я муха-горюха.

— Я комар-пискун.
— Я мышка-погрызуха. А ты кто?
— Я лягушка-квакушка.
— Ступай к нам жить.
Стали они жить вчетвером.

Бежит зайчик и спрашивает:

— Чей домок-теремок? Кто в тереме живёт?

— Я муха-горюха.

— Я комар-пискун.

— Я мышка-погрызуха.

— Я лягушка-квакушка. А ты кто?

— Я заюнок-кривоног — по горке скок.

— Ступай к нам жить.

Стали они жить впятером.

Бежала мимо лиса и спрашивает:

— Чей домок-теремок? Кто в тереме живёт?

— Я муха-горюха.

— Я комар-пискун.

— Я мышка-погрызуха.

— Я лягушка-квакушка.

— Я заюнок-кривоног — по горке скок. А ты кто?

— Я лиса — при беседе краса.

— Ступай к нам жить.

Стали они жить вшестером.

Прибежал волк:

— Чей домок-теремок? Кто в тереме живёт?

— Я муха-горюха.

— Я комар-пискун.

— Я мышка-погрызуха.

— Я лягушка-квакушка.

— Я заюнок-кривоног — по горке скок.

— Я лиса — при беседе краса. А ты кто?

— Я волк-волчище — из-за куста хватыш.

— Ступай к нам жить.

Вот живут они семеро все вместе — и горя мало.

Пришёл медведь и стучится:

— Чей домок-теремок? Кто в тереме живёт?

— Я муха-горюха.

— Я комар-пискун.

— Я мышка-погрызуха.

— Я лягушка-квакушка.

— Я заюнок-кривоног — по горке скок.

— Я лиса — при беседе краса.

— Я волк-волчище — из-за куста хватыш. А ты кто?

— А я вам всем пригнётыш.

Сел медведь на горшок — горшок раздавил и всех зверей распугал.